文史哲詩叢18

春夏秋冬

張健著

文史哲出版社印行

國立中央圖書館出版品預行編目資料

春夏秋冬 / 張健著. -- 初版. -- 臺北市 : 文史哲, 民８５
面 ; 公分. -- (文史哲詩叢 ; 18)
ISBN 957-549-001-0(平裝)

851.486 85002586

⑱ 文史哲詩叢

春夏秋冬

著者：張健
出版者：文史哲出版社
登記證字號：行政院新聞局局版臺業字五三三七號
發行人：彭正雄
發行所：文史哲出版社
印刷者：文史哲出版社
台北市羅斯福路一段七十二巷四號
郵撥〇五一二八八一二彭正雄帳戶
電話：三五一一〇二八
實價新台幣二八〇元
中華民國八十五年三月初版

ISBN 957-549-001-0

自序

這是我的第二十三本詩集。

恰好包括民國八十三年到八十四年整整兩年的成果，一共兩百零五首。其間兩度春夏秋冬，週而復始，所以命名為「春夏秋冬」，接續在「神秘的第五季」之後，誰曰不宜？

至於本集的內涵，仍然一本近年「無物不可入詩」的信念，由抒情、哲理到生命的回顧，社會的反映，無所不寫，無所不吟。

是為序。

張健　八十四年十二月三十一日

春夏秋冬 目次

閱卷場

一群農夫在水田裡
彎腰拱背插著秧

左盼，右顧
足蹈，手舞

暮色迅速地壓下來
農夫們遂鋪成了大地

八十三年一月五日

値班

太陽和月亮
在一起睡覺
互擁，互慰

半夜醒來時
只問了一句：
「該誰値班了？」

一月九日

落牙

落了一顆牙
太陽下山了
落了一顆牙
月亮沒升起
落了一顆牙
夢裡一朵花

一月十一日

後記：昨天下午六點六分，正吃漢堡，忽然落掉了一顆牙，這是我換齒後的第一遭。

拔牙

誰在我的口腔裡
推展民主政治？
誰在我的牙床上
宣傳婦解運動？

他是立法院的才子
他是紅衛兵的頭目
吶喊、示威、衝鋒、巷戰！
而我是啞巴國的
元首。

一月十三日

後記：今天上午張大夫把我的殘餘牙根拔去了，這是生平第一遭。

落 馬

推開所有的山
我攀上天空
（天空中一片茫然）
摘星不復是韻事
落馬乃英雄

一月十八日

破繭

把自己裝進
一隻鐵櫃裡
日以繼夜地
練習著破繭而出

二月六日

希馬拉雅山

希馬拉雅山
你是好兄弟
睡覺不蓋被
醒來不噴嚏

二月二十日

山

一座山沈默
兩座山交談
三座山對峙
四座五座山
心事無人知

二月二十日

玉山

上帝用天堂之冰
雕琢了一座玉山

玉山巔峰上
屹立一玉人

李總統南遊

在蘇比克灣
遇見羅慕斯
純粹是偶然

又在峇里島
撞上蘇哈托
彼此瞧一瞧

泰皇在皇宮
表情很嚴肅
博士李總統
笑容一大樹

二月二十日

後記：本月上、中旬李登輝總統南訪菲、泰、印尼，實施旅遊外交。

寄情

千言萬語一小船
穿洋渡海到彼岸

黑蟻

豪華輪上一黑蟻
朝夕打躬又作揖
船長一腳踩下去
葬禮無聲復無息

流言

一大群白鴿
飛翔
　飛翔
　　飛翔
逐漸地加快速度
逐漸地變灰
　　變褐
　　變黑……

二月二十一日

對吟

乘月色，我登上玉山
隔著一個浩瀚的大海
跟陶淵明李太白
對飲
對奕
對吟

三月二日

無題

在石頭記裡採石頭
在金瓶梅中摘梅香
在花月痕中挹月光

我是石頭
我是梅香
我是月光

新星

跟地球猛烈地互撞
迸出了一顆新星
從此以後，太空中
增添了一位輕盈的舞者

釀

子夜對鏡：純白的裸體
輕撫為一具景德古瓷
（透明恍如初嬰）
然後徐徐注入黎明的光輝
釀成一罈美酒

子夜

我們總慣於蹂躪時間
踏著滿腳的泥濘前進
有人騎著電單車
直衝向無底深淵

總有瀑布自子夜迸濺
總有一雙雙眼睛由四壁
向我的靈魂索取奧義
而我捨不得我獨釀的夢境

不耐煩的分針秒針
老是顫抖得七葷八素
沒有人懂得這一切

沒有人記錄口供

我趴上一匹白馬
奔躍向白令海峽
至於冷漠的西伯利亞
也許我會留下一顆門牙

鐘聲由黎明到黃昏
訴説一些無聊的神話
出家的頑石不復安詳
生公不説法

香蕉橘子蘋果
何等矛盾的推理
我樂於攝食瓊漿
或一CC的惆悵

華盛頓林肯在彼岸
嘆息之後復遠眺
想給我一點暗示
我卻急於遁逃

馬車轔轔，夙聲蕭蕭
而孔子和孟軻
我看不清他們的容顏
更聽不見他們的說教

也許陶潛在柳下竊笑
也許徐福在東海某海島
向我們演說核子概論
這種種業已無關緊要

我終於束帶整冠
到火星去拜訪聖賢

·21· 子夜

太空中寒冽非凡
我心中綺念萬千

而那是到不了的終點
睡不醒的魚龍
命運便是週而復始
抵達困境然後折返

據說又誕生了一位愛因斯坦
等待八方人士去頂禮請教
我向頷下一摸
頓時萌生了一叢野草

也許某城之西有一艘神奇的渡船
我再度整裝待發
有人說這世界並無直航
曲曲折折便是生命之自然

我終竟卸下了長衫
擁抱一棵參天的神木
向青天彩霞高呼三聲
蟬蛻為一片黑暗

三月十六日晨

詩集

一塊五香豆腐乾
剛剛由鍋裡撈起
尚未啓齒品嚐
只覺芬芳撲鼻

三月二十六日

即景

一隻白鷺企立在水田中
一首詩飄落在堤邊的野草裡
一對情侶，面對粼粼小溪
彼此欲言　又止
早晨六點鐘
太陽還在微雲中猶豫

三月廿七日晨

紹興

一場春雨滋潤了蘭亭
鵝池中鵝蹤已杳
曲水裡不見流觴
墨池只映見枯梗
而王右軍的英姿
彷彿便在眼前

三味書屋靜靜屹立著
何處是閏土的家園？
一桌一凳一油燈
魯迅綵筆江南魂

而咸亨酒店黑黝黝地

吞吐著百千的遊客
茴香豆，豆腐乾……
一口回憶一番孔乙己

禹跡雙井小又小
沈園淒迷如昔
春波橋下偶照影
不見放翁見唐琬
歸來車上念王冕
荷花蓮葉一片心
往事如煙，目不暇接
山陰道上陰復晴

四月十七日

疱疹

痛 痛 痛 痛
也許我已到另一個
不美麗的世界去

抓不得，如意，你在
那裡？哭不出，孟姜女
妳的長城在何方？

也許有一天，我在安詳的棺槨裡
會咀嚼一枚發霉的橄欖

四月二十三日

水果吃假牙

我用假牙吃水果
我的假牙是另一種水果
上帝派水果吃我的假牙
這是一項世紀大陰謀
我早已洞悉
但不想揭穿

五月二十一日

早晨

窗外麻雀吱吱叫
我的兒女在睡覺
特別快車已啓程
我心中一陣呼嘯

五月二十六日

下沈

我每走一步
便下沈一尺

終於走到地心中
坐下來吃一頓晚餐

六月四日

護衛你的莊嚴

我要進入你的乳房
化為溶溶的奶汁
然後從容地灌溉大地

我要滲入你的聲帶
像一支無形的琴弓
撥響你的和弦

在疾風驟雨中
我要立地成佛
永遠護衛你的莊嚴

六月六日

鳳凰六十

由炭火中脫穎而出
一隻老當益壯的鳳凰

你的笑容掩蓋了
半天的烏雲
你的聲調滲入了
一生的蒼涼

閉起憂患的歲月
我不認識你
只默默承接
一輪不墜的夕日
光輝滿目

六月十五日

一桃兄六十歲，至性至情人也，特以此詩爲之壽，這是我生平第一次爲人寫壽詩。

核桃

全世界的黑暗
乍然結成一個核桃
供我吞噬
我把它碾成細粉
餵給太陽

六月二十三日

鞋

每天載我去大海
證明存在的價值
到歲暮申請退休
我只好無言以對

七月六日

考試

一群烹調師，頻頻
攪拌鍋中的雞鴨魚肉菜
並非滿漢全席
只不過是家鄉小吃

十滴眼淚

我的十滴眼淚
裝進了一個酒瓶
瓶裡裝些什麼酒
我可完全不知道

七月二十日

周慧婷

一株臨風玉樹
為一朵輕柔的微笑
舒展她的幽思

八月的熱帶低氣壓
在伊人的纖指下
變化得異常風流

八月三日

鶴與蓮

介壽堂頂的一隻白鶴
每天仰頭又俯首
荷花池裡的一朵蓮
閒來只參禪

八月十五日

昇華

當年異鄉的孤寂
昇華為今夜的月色
我彈奏著軒尼詩道
旋飛出一串音符

九月二日

電話鈴響

電話鈴響起時
我的心已飛躍至
八世紀的長安
是太白的來電？
還是子美的問訊？
結果是一個悠悠細細的女聲
二十一世紀的
我辨認不清

九月十三日

渡海記

地圖上的瀨戶內海
跳盪成我的心臟

船艙裡一排排椅子
眼簾外一波波海韻

那小小小的夕陽
卑微地躺臥在遠方

迎接我的是未來
滋養我的是童年

我多麼多麼寂寞

海那麼那麼豐碩
輕輕夢夢地斜倚著
風風浪浪都是禪

九月十三日

九月九日遊日途中，余乘大渡輪渡過瀨戶內海。

莫愁湖

我踏上台階
走到中山樓

國父步下石梯
沈入莫愁湖

九月二十六日

饅頭

我在一隻饅頭中央
窺見了太陽的秘密

甚至月亮婀娜
也只是足下一趾

九月二十六日

選擇

一口氣選擇了三位古人
放在棋盤那一端
而我自己在這頭
無比無比地寂寞

九月二十六日

舔

每夜我仰面而臥
回想一天的種種

我情不自禁地
伸出舌頭來
頻頻舔食天花板

九月廿七日

人生

一塊千層糕
嚼了一千天

一道四則題
算了四百年

至於微笑與皺紋
分析化驗都無效

九月廿九日

逍遙遊

他變賣所有的家產
開設了一座翅膀工廠

遂躊躇志滿
且大言不慚：
莊周無限公司

覓

為了歷史的一個長吻
我曾經躑躅街心
舔盡天邊的浮雲
也覓不到神靈

少年時代

劉秀嫚是難忘的女子
安姬狄金蓀也是
回家的路細又曲

我的少年時代：
一隻長頸的素色瓷瓶
小花大卉三五株

中午

吃完香蕉剝檸檬
品畢汽水飲冰汁

關於中午
我實在沒什麼好說

老年

一頭白髮
一根拐杖
一排假牙

偶然損一損老伴
時或逗一逗外孫
將太陽誤作月光

八陣圖

尤利息斯流浪了二十多個世紀
終於歇足於這個島上

喘完氣也不說一句話
閑看鴿子在半空中
排演現代八陣圖

蟬聲

一雙神秘的眼眸
抽得乾我一生的井水
只想鑽進你的倩影深處
聆聽一整個夏天的蟬聲

洞中歲月

我在一個四四方方的山洞裡
演算伏羲姬旦孔丘的八卦
六十四爻逼迫我如縏纍一困獸
山洞恍惚已變成橢圓和菱形

檔案

孔子孟子荀子老子莊子
擁擠在一間小屋子
轉瞬間屋子變成了桌子
每位古人一抽屜
我每天左抽抽右看看
自己也化身為檔案

施耐庵

用壹百零八將果腹之餘
施耐庵仰天長嘯

然後，狂烈的雨點
一 滴 一 滴 落下來

遠征

杏眼，櫻桃嘴
蘋果頰，瓜子臉
一大盤水果
吃也吃不完

一大早起床
吸一口北風
十萬八千里
大鵬鳥遠征

訪

陶淵明不在家
去蓮社訪慧遠
蘇東坡沒見到
謫海南看海瑞
走累了歇一歇
猛抬頭卻見
一位磊磊落落村夫子

熬

天空
掛滿閃爍的淚珠
熬受長夜的寂寞
（沒有母親，更無子女……）

移居

我單槍匹馬
移居太陽國

在酷熱之中，行吟
地球的史詩

奔

我自長江來
更向黃河奔

一九九九年
宇宙大革新

特使

一九九九年除夕
我飛上火星
那兒的光政府
頒我一枚大勳章
我遂變成唯一的
宇宙常任特使

吸

前年栽荳芽
去年挖礦苗
今春品貝葉
明秋又如何？
吸盡天河水！

觀音山

街頭一嬰兒
立地不成佛

母親一巴掌
打成觀音山

淡水故事

淡水之東有萬里
萬里長空淨無雲
中間落日又默禱
鑄成人間一觀音

虛無

破銅爛鐵鏽鋁罐
海灘佈成五行陣

可憐雲霄一老人
掩面踏入虛無中

享受

長空萬里一羽毛
飄落下地成鳳鳥
我想逸入鳥身
享受一夕逍遙

齊物

不吃不喝不臥
怕傷害虫蟻蚊豸

不唱不吟不舞
恨聾啞跛拐無能

莊周和墨翟
遙遙相對頻苦笑

弔詭

狄斯耐樂園裡
雲霄有飛車
愛因斯坦說
地球無引力

及時雨

我愛你你愛我
一秒鐘濕淋淋
一百年也不過是
一場及時雨

口令

我是希馬拉雅山
偶然散步到東海
請為我準備
一條擺渡船

鈕扣

我是抽屜裡的一顆鈕扣
請將我輕輕取出
縫在銀河系的
右上角

天餓

我在東海東
車聲轟隆隆
不知始與終
只覺腹中空

逃

夢從我身逃
逃往崑崙山

崑崙有王母
收容眾孤雛

嘲 笑

前進一百步
懸崖對我笑
後退一千年
魑魅嘲我痴

後記：人啊人，你是進退兩難的動物。

歌頌

古老的榕樹下
有一隻小螞蟻
用盡全身的力氣
歌頌不美麗的世界

側 影

我的歌聲入雲霄
你的夢囈沈海底
百年之後，您
是我的側影

六四六四

一排機關槍
打碎了六月四

六四六四六四
多美麗的名詞

黃山

黃山頂上一隻鶴
啣走了一粒種籽
從此走遍天涯海角
覓不到一個知音

打烊

老殘不再浪遊
小玉不復說書
一切都打烊了
留下一盞小小小小的
燈。

浪子

天空劈頭落下來
學習浪子的生涯
人們用畏懼的雙眼
斜睨空洞的天體

泡沫

九湖四海萬姓人
一個個化為泡沫

魚兒們格外興奮
喋食著龐大的影子

蚯蚓的苦悶

雙十閱兵禮
萬眾齊歡呼

一條小蚯蚓
無可奈何地
被迫休假一天

象

象鼻山的象
不同於動物園
獻出大牙不介意
只期盼一場清夢

遠方

遠方是一個謎
一個不現形的間諜
無端地把你的心肝脾肺腎
俘虜到他的懷裡

黃河之水

黃河之水天上來
奔流到海復回歸
相信這段話的草木
有福了

對談

武昌黃鶴樓上
有一隻大黃鶴
我曾在漢陽江邊
跟他對談一分鐘

糾紛

由雅典到愛琴海
無人認識維納絲

亞里斯多德
亞里斯多芬
多少德行
多少糾紛……

放逐

我把所有的藏書
放逐到曠野去
餐風，宿露

一季以後，重新收容
他們已白髮紅顏
成為另一族類

九月三十日

神

不說一言一語
不發一笑一顰
堆砌千萬塊積木
我終於化成了神

十月二十五日

新上帝

昨夜，新上帝宣告問世

他也創造世人：
一出生便是百歲
然後逐漸減損
（皤皤白髮變黑變黑）
最終乃安享童年

十月二十六日

愛情

愛情是一扇朱門
一旦打開，不論朝暮
陽光，花香，鳥聲
都紛紛湧入

當它關閉時
夜色沈沈
雷打，斧劈都徒然

十月廿八日

夜半的狗吠

把我叫成三十少年
披衣起來寫詩
寫完一首夢
悠悠回到周公宅

十一月一日凌晨

吃月

吃月亮的孩子遇見李白
愉快地睡了一覺

下雨的日子
他不再感到寂寞

十一月三日

遠行車上

把一條一條的路
摸收進口袋
把一座一座的山
攝取入眼池

所有的樹
都是我的汗毛
所有的花
都是我的呼吸
所有的歷史
都是現在

車累了

我也倦了

十一月七日

浩　蕩

歲月浩浩蕩蕩地
過去了
我，痴痴呆呆的
睡著了

十一月十七日

試管老翁

我是一個試管嬰兒
大地是子宮
太陽為保母
我是一個試管老翁。

十一月廿四日

選 民

天天為太陽背書
夜夜為地球競選

選民在那裡？
我只有長嘆一聲

回報

繽紛的落葉向大地
控訴西風的酷虐
大地默默無語
報以誠摯的擁抱

十一月廿五日

京都的廟

雲飄著，雨灑著
日本的廟宇
實在太多了

一張餐桌上
滿佈碗、盤、杯、碟
京都的廟宇
任你飲、食、舔、嘗

十一月廿六日

藍色大鋼琴

海洋是一座藍色大鋼琴
天空恆俯身彈奏
琤琤琮琮
不絕如縷

十二月二日

變 色

太陽和月亮都死掉了
地球上的人
都活得很快樂

春花、秋草
都變了顏色

十二月四日

泳

蝴蝶在草原上翩翩

毛蟲在荊棘叢中

游泳

十二月十五日

失

我費了千辛萬苦
把地球濃縮成
月亮

只一晝夜
我自己便失去了蹤影

十二月十五日

自白

一百年過去了
我依然是一隻螞蟻

一千年過去了
我依然是一叢水仙

十二月二十一日

秋水

青天白日下
我豎起降旗
向你

請收容我吧
否則我將化為一泓秋水
供你徘徊沈吟時投影

夜

夜是一塊煮熟的大豆腐
我細細細細品嘗
夜色濃得像肉湯
我喝了一口又一口

十二月廿四日

幽會

我洗滌乾淨裡裡外外
攀登世界最高峰
和一朵白雲
幽會一世紀

十二月廿八日

白馬

騎白馬到美國去
追逐一座大鐘樓
鐘聲響動時
我化身為自由女神

十二月廿九日

大廈·石頭

我是一座大廈
招納四方的浪子
任其唱歌、作樂
不管春夏秋冬

我是一塊石頭
吸收陽光
品評青苔
並忍受千萬隻螞蟻

十二月卅一日

一九九五

一九九五是一個倉庫
涵藏四海的寶物
一九九五是一場霧
每個人看不清自己
一九九五是一面鼓
敲醒所有的獅虎
一九九五是一座古墓
埋葬所有的罪惡

八十四年元旦

新年

太陽由西方迸出
發出獅子的吼聲
星星在海水中跳躍
囁嚅超世紀的語言

便當

不管總統、主委或鉅富
只要來到你面前
便一律俯首無言
你是宇宙的縮影
你是滿漢全席

一月二日

平平

太平洋上許多鯨魚在歌唱
歷史上有許多人說笑
我平平正正的躺在天花板下
追憶童年的一道彩虹

三軍

我把我分割為三：
頭腦、肉體和心靈
它們如此地美麗
猶如海陸空三軍

時間

時間是一條無盡長的鐵鏈
鎖住一代代億萬生靈
掙不脫，逃不掉
只好攀著它苦笑

一月四日

上帝

一舉摧毀所有的電腦
我是上帝
然後和一群純潔的人類
握手言歡

愛情

愛情是一盞燈
照亮一室幽微
睡時把它關熄
期盼明夜再亮

一月六日晨

三張犁

三張犁六張犁
大肚溪大甲溪
擁有一片清淨心地
渾不辨東南北西

二重奏

爬山的人總是仰首
目光穿透了天空
掘墓的人總是低頭
淚水向死者致敬

父親

把兒子當作茶杯
喝一口品味半天

把女兒看成氣球
放一陣趕緊收回

垃圾

昨天是人中菁英
只經歷一場暴風
永遠找不到歸宿
藍天也搖一搖頭

群鶯

咬碎石頭和牙呑
然後把鮮血抹在臉上
這就是英雄本色——
日暖花開群鶯唱

井

井是一座考古大學
考證一千萬年
井蛙是博士校長
縱橫自如
哭笑合一

白居易

燈火樓台下不來
且彈琵琶吟長恨
漢皇重色思傾國
樂天只留戀小蠻

渡江

渡過此江，就是高山
任君晝夜遨遊
渡江之後，鬚眉盡落
山中正好有一寺

洪水

擁抱旗幟的人擁抱火焰
擁抱火焰的人擁洪水

洪水姓洪也姓水
是男也是女

欄 杆

憑依欄杆見南山
拆去欄杆剩秋菊
眼淚是欄杆
夢想也是欄杆

棉被

我是棉被中的一條棉絮
每夜做著清秋大夢
大白天更蠢蠢欲動
想開啓世紀之謎

某公車司機

他的頭顱比火星還大
他的雙眼是深淵

這是一趟死亡之旅
直衝向北冰洋

違章建築

軒昂地挺立在那兒
像一盒好吃的糖果

他們說我違章
我說他們偽裝

高爾夫

打高爾夫球的人
悍然揮出一桿
草皮頓為之失色
把太陽打進了洞裡

太陽

默默無聲地
走下了祂的寶座
來到台北西門町
打一盤電動玩具

墳 墓

理直氣壯地
每天長一吋
民主時代裡
我也有發言權

排隊

排隊的兒童
餓得眼淚與口水齊流
長久守候之後
已茁壯成巨人

夫 妻

兩個泥偶做伙伴
一做做了二十年
彼此沒打碎
也沒有淹水……

閣樓

四四方方，小巧玲瓏
人游其中
神馳魂銷
像蘋果裡一條毛蟲

毛蟲

一條毛蟲白日飛昇
咬碎了碩大的太陽
太陽滴血滴血滴血
大江南北滿地紅

諸生

老師吐血了
噴灑向諸生：
甲等五滴
乙等三滴
丙等二滴
丁等生最幸運
一滴恰中太陽穴

假期

假期是一隻青蘋果
供眾生恣意烘烤
假日結束時
報告長官：
敬獻蘋果派一客

抽屜

無奇不有的交響樂：

第一樂章：快板

第二樂章：特慢板

第三，不快也不慢

第四樂章：澎澎！

擁抱搖籃

你是山
我是雲
你是大地
我是青草

晨鐘響動時
草原上一片氤氳
我常常夢見你
擁抱著一部搖籃

元月八日晨

喝酒

昨夜辛棄疾突然來找我
並強邀我喝一罈大麯酒

我說我從來不喝酒
他說李白從前也不喝

喝完老酒
我看見一位觀音

元月九日晨

雪人

登上天山
與一山巔的雪擁吻
我遂在零下三十度
化為一純粹的雪人

吳倩蓮

在魔術師李安的魔杖下
你化身為一位現代公主
真實，解事，婉約

朱家倩不是你
是一種藝術
一種神采

也許有一天
你會邁出另一個畫廊
走向另一片天空

註：吳倩蓮主演「飲食男女」，飾朱家倩。

違章建築

我是一座巍峨的違章建築
屹立於大海之濱
朝朝暮暮，吞吐著日月的光華
悠悠抗拒另一個星球的侵襲

黑暗

黑暗是一碗臘八粥
黏黏的，稠稠的
甜甜的
打破粥碗
天下平安

升旗

每天早晨醒來
我總在床上
奉行一次升旗典禮

升起一分鐘
立即降下
安置在原位

然後悠然起床

七月十日晨

寂寥國

寂寥國裡有一百個女子
一千卷經典錄影帶
一萬部書
伊甸園的蛇已失蹤
盛開的蘋果任君採摘

人生

人生是一場大夢
醒來猶有餘悸
以及一股芬芳的回憶

世界是一場災難
受苦者強塑笑顏
完成一尊尊銅像

排隊

日月星辰
河海山嶺
男女老幼
一起在宇宙間
排隊

我插星星的隊
太陽推開了秋草
還有一萬場糾紛
每分每秒都在上演

二元論

我在冰雪中行走
凍結了一腦海的思緒
我在赤道上高臥
燃亮了滿胸腔的熱血

寶塔

一座巍峨的寶塔
一群少年往裡擠
欲一窺奧秘
想登高望遠
一進入塔裡
如臨深淵
一走出寶塔
如履薄冰
小心：冰溶了……

春天下山

春天由山頂走下來
到每個人家的後院散步

有人款待她
有人囚禁她
有人驅逐她
還有人根本
根本沒有覺察

元月十一日晨

螢火

梅花嶺上一朵梅
相思林中一粒豆
一點螢火蟲
照亮了古今

元月十二日晨

電話亭裡

一枚小小的鎳幣
竟征服了一部機器
喀喇一聲
我的心整個地滑落了下去
舉起千鈞的聽筒
我已經變成啞巴

一月十三日晨

信用卡

一百顆眼淚
儲藏在信用卡裡
付帳時不用電腦
自然就流了出來

一月二十三日

愛情

一場沒有意義的夢
醒轉時猶餘囈語
熱腸人為它立碑
慨然飾之以鮮花

一月卅一日（乙亥年初一）

人生

人生是一張大網
歲月流逝
千破百綻
每天東補西綴
偶然捕到幾尾魚
歡樂一陣子
啞默一陣子
卻留待明天享用

二月十六日

深淵

我是一條大河
奔流向浩浩長天
一個不小心
墜落為無底深淵

二月廿二日

撐竿跳

衝鋒，衝鋒，衝鋒
向前方，向空曠，向戰場

昇起，昇起，昇起
向雲宵，向太空，向無極

翻滾，翻滾，翻滾
向未知，向無垠，向沙坑

萬頭攢動
歡聲雷轟
　　啊，我已完成了
超時空的大征服！

二月廿六日晨

預言

我是一隻小白鴿
疾飛向十五年後
停憩在梧桐樹上
睡一個千年小寐

三月三日

特大號

我騎在地球背上
直衝向外太空

唔，地球是一輛
特大號摩托車

三月四日晨

女人

一陣細雨，灑落在
我的額上、頰上、唇上
我不斷地擦拭它們
　舔食它們
甚至分不清
它們跟我的眼淚
有甚麼差異

三月六日晨

愛情

愛情是一盞明燈
照亮我臟腑深處

愛情是一座大海
深深地把我溺斃

三月十四日

世界

一隻鴿子在凱旋門上
散步
我在湖州的陋巷中
訪古
鐘聲，沿著市場迴旋
睡夢裡耶穌親吻聖母
又一萬年過去了

三月廿二日

月夜

有人在屋頂上散步
咬了一口月亮

然後一躍而下
化為一片夜色

三月廿七日

愛情是氣球

愛情是一隻氣球
有的三分鐘爆破
有的努力地持久
再吹一次氣
重新鼓脹起

紅通通的氣球
在半空中
飄呀飄

三月三十日

孵

負載千年的憂思
奔向浩瀚的天空
且與大銀河並臥
孵一場不醒的夢

四月四日

傘

愛情是一把傘
撐開了滿天風雨
陽光充沛的日子
她又斟酌了溫暖

四月十二日

麥堅利堡

每一支白色十字架
是一朵小白花
七萬朵盛開的小白花
七萬個不朽的故事！

而我們是蜜蜂
　是蝴蝶
面對超世紀的莊嚴
吸飲太平洋的浩瀚

四月十七日

歷 史

軋達軋達軋達
我被縫入了歷史
每天熱淚滂沱
再也掙扎不脫

四月廿四日晨

夜色

夜色是一塊塊
巧克力蛋糕
任何窮孩子
都可以信手取食
還有一杯杯牛奶咖啡
由星空向下傾注
濺到我的面頰上
逐漸凝成了夢土

四月二十四日

黑螞蟻

一千萬隻黑螞蟻
跟我和平共存
每天搔癢打呵欠
然後刷牙洗臉

四月二十五日

豪賭

我把崑崙山
扛在肩膀上
直奔向天國
痛快賭一場

苦瓜

愛情是一大杯苦汁
喝完了你變成一隻苦瓜
然後挖空為葫蘆
靜靜地懸在樑上

四月廿七日

苦茶

人生是一場怪夢
夢醒時空無一物
只剩下一杯冰冷
冰冷的烏龍苦茶

五月六日

讀 畢

讀畢一部經典之後
我悄悄昂起我的頭
拂一拂衣袖
揮散了滿天星斗

五月八日

死亡

我看到一位窈窕的黑衣女郎
在每一個街角等候我

我不顧一切
慷慨激昂地擁抱她
然後不發一語
轉身離去

五月十三日

金門

一隻番薯？一具啞鈴？
金門是一扇鋼鐵的大門
四十七萬發爆炸
鑄成了不朽的四十七年
八月二十三！
一萬隻鴿子南翔

古寧頭，八達子，
莒光樓，延平祠。
巍巍馬山觀測所
偷窺廈門的倩影
（此事無關風月）

而金門的百姓是
一尊尊泥土的塑像
在田畝阡陌之間
向藍天白雲召喚

由瓊林坑道而南
我們驚見另一片慈湖
在訴說五百年前的貞烈
一千年後的自由

五月十四日

一罐月亮

五月的夜晚
一個人走在山路上
仰天長嘯
踢翻了一罐新鮮的月亮

五月廿六日晨

一條木炭

愛情是一條木炭
燃它燒它
便發熱發光
熄滅之後
只剩下一片
不美麗的風景

六月十一日

六月

六月是一場混亂：
正義不得伸張
學術一團雜拌
我沿著河堤散步
一隻惡犬緊緊尾隨

文謙自巴黎歸來
又在飛元畫展
科西嘉褐石之上
添加了希望的綠色

而白內障手術
臨時掉包了醫師

右眼的度數
在四百五百間懸盪

有一天早上
我發怒了
甚至寧可做
瞎眼的荷馬

二十八日深夜
二十九號凌晨
夢中我畫了一幅傑作
費時半小時
志得意滿，不料
卻有三名中韓學生
爭先在畫上簽名
要和我分享榮耀
醒來認真翻解夢之書

得不到一個答案
而我的鏡片一白一茶
有如初入行的間諜
噫，六月
六月是翻天覆雲的日子

六月二九晨

子夜的車聲

子夜的車聲好溫柔
輕輕地滑過我的耳畔
不曾留下蛛絲馬跡
像大海中的一掠微風

七月廿六晨

聖奧斯華教堂

清晨來此尋訪一座教堂
不知人生還有幾回
一一四八便是莫大的魅力
哥德式：靈巧而莊嚴

那怕關閉，那怕陳舊
猶如尋找一個塵封的故夢

寒風瑟瑟，車聲遙遙
彷彿在另一個世界

八月十八日

後記：十一日與遠兒在南德提提湖附近山中訪得一古老小教堂，名曰St. Oswald Kirchen.

預告

生命只是不斷的枯萎
落葉熱衷舞蹈忘記了悲哀
甚至一枚蚊子
也叮得死一位聖人

在山海之間有一片平原
幾隻綿羊嚙食著綿綿春草
誰也不知道：另一個預言
何時轟然降臨大地

八月二十一日

螞蟻

濃縮成一隻螞蟻
悠緩地在地球上散步
夕陽偶然把我染紅
我依然不改本色

九月十三日

青山魂魄

颱風發飆的清早
我面臨莊嚴的小窗
向窗外的青山默呼
青山對我微微一笑

從此，我的魂魄
便穿越千山萬水
悠悠忽忽，渾渾蕩蕩
向另一個宇宙依歸

九月廿一日晨

鞭砲

我把自己懸在屋簷下
像一大串紅辣椒
臨風飄颺
十分逍遙
翌晨醒來，我已化為
一大掛剛強的鞭砲

擁抱

擁抱河流
擁抱東南西北的海洋
擁抱青山
擁抱春夏秋冬的青天
我擁抱浩浩蕩蕩的光陰

六言六行

愛情是一盆花
時時刻刻噴灑
益加鮮豔生發
三天忘了澆水
頹然便告枯萎
只剩灰黃殘蕊

十月十三日

困

我已被困在洞穴裡
看不見長空萬里
但我仍能傾聽、啜吸
等待另一個世紀

十月十九日

二十一世紀

我是一枚超級定時炸彈
由高空投入大海
創造一火爆的
二十一世紀

十一月一日

夢的工廠

我拆除連棟的高樓大廈
重新組合——
造成一個夢的工廠
供眾生遊樂

交響

我讀了五千年的書
累壞了
長江黃河奔流了億萬年
睡熟了

十一月二日

亂絲

不寫一行詩
不做一場夢
右顧，右盼
漸成一團亂絲

十一月四日

綁架

有人綁架我
疾奔向天堂
我掙脫繩索
直墜入深淵

十一月六日

漁船

太陽是一艘漁船
天天駛過我頭頂

我是一條魚
苦苦閃避千萬縷釣絲

十一月九日

散 步

一百層樓的屋頂上
有人在散步
不停地走來走去
贏得星星們的喝采

十一月二十五日

巴黎

我在巴黎街頭迷路了
凱旋門輕輕地
咬了我一口

在盧浮宮深處
我闖入一幅畫中的蹊徑
跌進一口中古的深井

而梵爾賽宮是一場噩夢
我被迫停止呼吸
一千零一秒鐘

十一月三十日

堤 上

堤上一紅一藍
一女一男
悠悠地踱過
早晨七點
背後是綠水
青山
這就是幸福
平安

十二月七日晨

大輪盤

有人玩女色
有人玩證券
或人玩選票
或人在霧中
世界
是一座大輪盤

十二月七日

安眠

我走進最遠最高的一顆星
安眠了一個夜晚

十二月九日

選戰之後

所有的旗幟都已死去
所有的語言都已腐爛
星星月亮也告熄滅
連太陽都躲到懸崖下避難
藍天鐵青著臉

遊街謝票的人
嘔吐出滿街的硫酸
沿街的窗紛紛聾啞
而立法院鑼鼓喧天
正張羅另一場激戰

十二月十日

上帝的成績單

所有的教師
都失聲痛哭：
上帝的成績單
全然是赤字

十二月十三日

政壇近況

每個人都在磨他的假牙
每個人描他的眉毛

看熱鬧的已星散
電視台關門大吉

失眠

跟時間玩翹翹板遊戲
四週的夜色充當裁判
玩到天明
不分輸贏

十二月十五日

氾濫

郵差把天空所有的彤雲
全傾入我的信箱
於是，整座大廈
氾濫了起來

十二月十六日

蕭條

孤獨的老人把自己想像成
一架愛伯特鋼琴
白鍵是他的牙齒
黑鍵是他的回憶

叮叮咚咚
嗯嗯嗡嗡
蕭邦的故國
多麼的蕭條

小屋

你是一顆殞星
月黑風高之夜
落在荒野中

夜夜仰首瞻望
天上的銀河
像遊子思念母親

沒有一個人
住在你的心窩裡
除了浩浩長空

十二月十八日

附錄

「一種清清楚楚的曖昧」

——評張健的詩集《神秘的第五季》

中南財經大學
台港文學研究所所長 古遠清

張健是台灣文壇難得的一支健筆。他這支健筆，既寫詩、散文、小說，又寫評論兼及翻譯。在各類文體中，新詩是作者下力氣最多的一種。目前，他已出版了二十二冊詩集，而二十二是他的吉祥數字——「張健」的筆劃合起來正好二十二。

張健在新出版的《神秘的第五季．序》中說：「詩是一種吉祥，也是一種清清楚楚的曖昧。我已年過半百，不復耽溺於斯，卻仍然鍾愛她。」這本詩集，收了他近三年來寫的一百多首作品。比起習慣「計劃生育」的作者來，這種數量已算高產；但對多產著稱的張健來說，這樣的產量已近乎「計劃生育」。

不再追求數量而著重質量，正是張健近年詩作的特色。《神秘的第五季》，自然有著他過去詩作的一貫特色：詩的意象不那麼明晰，詩的語言有些曖昧和多採用自由體形式，這應視爲他走向成熟、穩定的表現，亦是他爲多彩的人生、爲神奇的大地所昇華的幻想色彩。張健似乎早就意識到，應從他所熟悉的學詩生活中形成與他人不同的藝術風格和氣度。就取材而論，應力求海闊天空，大至宇宙，小至毛蟲；遠至天涯，近至影像；高雅如〈二元論〉、〈哲學家〉、通脫如〈

三餐〉、〈茅屋〉；寫人有〈那少女〉，詠物有〈獨木橋〉；抒情有〈愛〉，敘事有〈俄羅斯近事〉；哲理詩有〈蝸牛〉；悼亡詩有〈悼李莎〉；漫長的有〈世紀之旅〉；短暫的有〈六點半的公車上〉……。最能代表他風格的，是想像奇特，卻又有點玄妙的詩行，這種「清清楚楚的曖昧語言」表現了他對人生的認識和理解：

每天清晨，我
總到井邊打一桶水
灌溉我的田園

三十年後
我化為另一片田地
承受風雲的灌溉

——〈灌溉〉

這是一首人過中年，回首往事，抒發人生感慨的短歌。前一段以象徵手法寫自己的成長。「井邊打一桶水」，決不止於字面上說的渴或吃，還包括更重要的精神食糧在內。灌溉田園，既指生理上亦含智力上的成長。後一段時間跨度達三十年之久。這時的作者，經歷過人生的風浪，承受過風雲的襲擊——另一種意義上的「灌溉」，使自己變得成熟起來了。前後兩段是因果關係，正是通過這種因果關係的描述和形象化語言的運用，深刻的表露了中年人在回首往昔、追懷故舊時所特有的未曾虛度光陰的一種自豪感，給人以對生活的信心，感到時光的可貴，從而促人珍惜青春，去經受「風雲」的考驗。此詩所選擇的井水、田園、風雲等意象新穎貼切，引人遐思，表現了作者深厚的功力。

張健寫〈月亮〉，傾聽地球外的歌聲；寫〈上帝·窗〉，由窗外看到天堂，但他更注重現實，傾聽來自新婚者的心聲，服務生心靈的歌聲。對於人在旅途所引起的思緒，陷入愛河時內心產生的矛盾，讀報時產生的偶感，歸來時陷入的沉思，張健均有挖掘詩意的興趣。他並且把這些人生體驗，幻化成奇特的意象。如〈服務〉：

我在北極圈
開了一個加油站
替星星們加油

我在赤道上
鑿了一口井
供太陽下班後納涼

這自然不是寫天上世界，而是人間現實的變形反映。詩中的主人翁「我」，是一個盡職的服務員，他爲別人的「納涼」付出了自己的辛勤勞動。這種「超現實」手法，其實仍然是建立在現實生活的基礎上的。

張健是研究古典文學的專家。他有些新詩通篇用比喻寫成，有點類似古代的喻體詩。如〈舊情〉：

一抹殘餘的鞭炮
臨風飄搖
不知道何時把它點燃
不知道將發生
何種聲響

乍看起來，這是寫殘餘的鞭炮點燃後將發生的效應。但仔細吟味，特別是聯繫起標題讀，就感到它實寫的是鞭炮，虛寫的是人們對舊情的依戀，對割不斷的往昔之情的牽掛。作爲文學評論家，張健不用概念化的語言說教，而用形象思維的方法，把似有若無的舊情比作臨風飄搖的殘餘鞭炮，把舊情所產生的效應比作發生的聲響，使這首詩顯得弦外有音，耐人咀嚼。喻體詩不完全等同於比喻。它不僅是指某一部分運用了比喻修辭手法，而且在全篇中均由一種主要比喻構成形象和意境。〈落英〉對愛情的描寫，就是由「一束花朵」的比喻化成一首詩的。應該說，這是比喻的最高境界。

愛情是一種常寫常新的題材。《神秘的第五季》，情詩佔的比重不少。〈男女〉一詩，將所有的男人比作「石油公司」，將女人們比喻成「自動落下去，永遠不到底」的「一口口井」，這種比喻同樣是獨創的，給人無限聯想的餘地。哲理詩〈蝸牛〉，則具古典禪詩的意境、韻味和節律感，因而也更有傳統詩人敏於感覺的特徵。作爲一位「藍星」的現代派詩人，張健的詩又融匯著西方詩歌寓理悟於感覺的抒情表現方式。他常以人的預感、悲哀以及生命、死亡作爲表現對象，但這些題材通常不以思辨性著稱，而是從詩人的自我感受出發，化爲各式各樣的比喻，化爲一般人不會有的時空曠遠的冥想。他用了許多精力去寫從〈銀河之形成〉到〈早安柯林頓〉的題材，這雖然表現了他廣闊的視野，但也是由於受了書齋環境的局限。在枯燥沉悶的書齋生活中，書架、書法、報紙、棋局、禁書、讀書、靜吟乃至自悼，顯然是想像和情感抒發再合適不過的領域。在這些上天入地、書齋內院牆外的抒寫中，浪漫主義多於現實主義，使讀者能感受到作者對生活思索、對工作嚮往的火花。而作者長期有過短抒情詩的創作實踐，這也有助於他爲生命、爲愛情、爲友誼、爲理想而想。作者在他過去出版的《春安·大地》詩集中，曾標明自己「是一個廣義的載道主義者」和「是一個開明的傳統主義者」，他這本《神秘的第五季》，少了「載道」多了抒情，由「開明的傳統主義者」變爲中西合璧的現代詩人，這不能不說是一個飛躍。

《神秘的第五季》所收的詩，水平不整齊，像〈酒杯〉，似乎還缺乏二十世紀人的眼光和獨特表現視角。〈植物人生〉，則有散文的傾向，詩意不足。這些影響到其藝術深度，也與作者講的詩是「一種清清楚楚的曖昧」有一定的距離。

〈植物人生〉自詮

古遠清教授的評《神秘的第五季》一文中，認爲拙作〈植物人生〉缺乏詩意，古先生爲行家，我本不欲申辯，但古今詩人自詮作品，每對讀者有所助益，故不揣冒昧，試略作詮釋：

漫長的童年
山中蒲公英
十九歲修竹
翠柏四十齡
要到那一季
才能成蒼松？
（〈植物人生〉）

按此詩中把我過去的人生分作三個階段：童年，像蒲公英一樣地平凡、平實而可愛；青年，像修竹一樣地挺直而純潔；中年的前半段，像翠柏一樣地自具風格，不污染於塵俗。但是，成熟而近乎完美的人生境界，應該是像蒼松一樣的高昂、從容而風骨凜然的，我自知尙未企及，因此，末段在盼望中更含幾分自我期勉之意。

這就是〈植物人生〉的「詩意」，尙祈古教授及讀者朋友們給我指教。

附記：本文刊出後，曾獲古教授來信認同。